Skyscrappers 5
超高層ビビル5

bbld.

オリンピック公園

Lotte Castle Plaza 149m 39階 2005年

Sigma Tower
116m 30階 1996年

The Sharp Star Park
154.41m 39階 2008年

Lotte World Hotel
115m 33階 1989年

Lotte World

Galleria Palace Tower
150m　46 階　2003 年

Jamsil Ill-zium Apartments
32 階　2007 年

Jamsil Ricenz Apartments
33階 2008年

Trade Tower

트레이드 타워
256.5m　55階　1988年

トレードタワーは韓国貿易センターにあるオフィスビルである。完成当時は63ビルに次いで韓国で2番目に高い超高層ビルであった。韓国貿易センターにはParnas Tower、インターコンチネンタルホテル、ASEM Tower、韓国総合展示場（COEX）や巨大なショッピングモールのスターフィールドCOEXMALLもある。

POSCO Centre East Tower
135.3m　30 階　1998 年

Dongbu Finance Building
158.3m　35 階　2001 年

LG Gangnam Tower
177.1m　38 階　1998 年

Star Tower, Gangnam Finance Center
204m　45 階　2001 年

Samsung Electronics Corporation HQ
203m　44階　2008年

Samsung C&T Corporation HQ
153m　34階　2008年

Samsung Life Insurance Corporation HQ
153m　34階　2008年

Meritz Building
143m　29階　2007年

Tower Palace Three, Tower G
263.7m 73階 2004年

Tower Palace Two
191.1m 55階 2003年

Tower Palace One
233.8m 66階 2002年

Academy Suite
167.2m 51階 2004年

Daelim Acrovill
163.1m　46階　1999年

Character Ville
102.94m　26階　1998年

MMAA Building
136m　31階　1991年

Woosung Character 199
118.78m　30階　1997年

中央のオフィスビルのようにも見えるタワーマンション Tower Palace Three, Tower G は完成当時は韓国で最も高い超高層ビルであった。

Hyundai Superville
162m 46階 2003年

Galleria Foret Towers
171.5m 45階 2011年

Seoul Trimage
200m 47階 2017年

Gundae Posco The Star City Tower B — 177m 50階 2008年
Gundae Posco The Star City Tower A — 196m 58階 2008年
Eaton River Tower Apartments
Daelim Acroriver

The Sharp Star City
196m 58階 2006年

Techno Mart 21
189m 39階 1998年

Samsung Raemian Gangdong Palace Office Tower
154m 36階 2017年

Samsung Raemian Gangdong Palace Residential Tower
150.6m　45階　2017年

Herrscher Residential Tower

City Far East Apartments

N Seoul Tower

N 서울타워
236.7m　1971年
Nソウルタワーは南山公園の頂上付近にある展望施設も併設されている電波塔である。正式名称は「YTNソウルタワー」であるが一般的には「Nソウルタワー」と呼ばれており、現地で配られている日本語の公式冊子も「Nソウルタワー」となっている。夜は大気の状態により青（良い）、緑（普通）、黄（悪い）、赤（非常に悪い）にライトアップされる。

Centreville Asterium Seoul

Centreville Asterium Seoul B
138.6m 35階 2013年

Twin City Namsan

Severance Foundation Building
95.02m　24階　1993年

Kukje Insurance Building
95m　25階　1970年

ソウル駅西側のタワーマンション群

JoongAng Daily News Building
88m · 24階 · 1985年

Seoul City Hall

Shindonga Fire & Marine Insurance
113m 23階 1997年

Seoul Finance Center building
118.8m 30階 2000年

Dongah Media Center
102.05m　22階　1999年

D Tower
24階　2014年

京福宮周辺

SK Building
160.3m 38階 2000年

Seoul Global Center Building

Korea Deposit Insurance Corporation Building

Citibank Building

Jongno Tower

종로타워
133.5m 33 階 1999 年
Jongno Tower（鍾路タワー）33 階建てのオフィスビルである。途中階は 3 つの柱で支えられ中空状態となっており、最上階の 33 階はレストランとなっている。

Mirae Asset Center

SK Telecom Headquarters
148m 33階 2003年

Ferrum Tower
127.7m 28階 2008年

Post Tower
21 階 2007 年

Woori Financial Group Headquarters
112m 25 階 1998 年

Namsan Lotte Castle Iris
126.7m 32 階 2011 年

Ssangyong Platinum Namsan
130.7m 33 階 2010 年

Doosan Tower
156.1m　34階　1998年

Co-op Starclass Residential
150.4m　41階　2010年

Sangbong Premier's AMCO Tower1
84.7m 47階 2014年

Sangbong Premier's AMCO Tower2・3
159m 43階 2014年

Sangbong Duo Turris
137m 41階 2016年

Ichon Rex

201m 56階 2015年
Ichon Rex は地上 56 階、42 階、36 階建ての 3 つの棟で構成されるタワーマンションで、スカイブリッジによって連結されている。

Ichon Rex と Lotte World Tower

Yongsan Park Tower
140m 40階 2008年

Yongsan City Park Tower
105m 33階 2007年

Yongsan City Park Tower
135m 42階 2007年

Raemian Yongsan Tower

160.2m　40階　2017年
龍山駅前のツインタワーのタワーマンションで、上から見ると両棟がY字型のトライスター型となっている。

Accor-Ambassador Yongsan Hotel
150m 39階 2017年

Yongsan Park Xi
134.6m 34階 2005年

Daewoo Worldmark Yongsan
130m 37階 2007年

KCC Welltz Tower
154.4m 39階 2015年

Lotte Castle President
152.5m 40階 2009年

Mapo Hangang Prugio
37階 2015年

Seogyo Xi West Valley Office Towe
164m 34階 2012年

Seogyo Xi West Valley Residential Tower
39階 2012年

63 Building

63 빌딩
249.6m 60階 1985年
63ビルは汝矣島にあるオフィスビルで最上階の60階には展望台が設置されている。完成当時は池袋のサンシャイン60を抜いてアジアで最も高い超高層ビルであった。

南山から見た 63 Building

63 Building からの眺め
汝矣島駅方面

Three International Finance Center
서울 제3국제금융센터
284m　55階　2012年

International Finance Center（ソウル国際金融センター：IFC ソウル）は One IFC、Two IFC、Three IFC の 3 棟のオフィスビルと Conrad Seoul のホテル 1 棟、計 4 棟の超高層ビルで構成されている。One IFC はロッテワールドタワーに抜かれるまでソウルで最も高い超高層ビルであった。

One International Finance Center
184.5m 32階 2012年

Two International Finance Center
175.5m 29階 2012年

International Finance Center

LG Twin Towers
144m 35階 1987年

Conrad Seoul
199.4m 38階 2012年

Shinhan Goodmorning Securities Building
134.1m 30階 1995年

LG Xi Yeouido
131m 39階 2008年

南山から見た International Finance Center 方面

漢江公園

Mokdong Hyperion Towers
256m 69階 2003年

Mokdong Trapalace Towers
185m 49階 2009年

Hyundai 41 Tower
168m 41階 2001年

SBS Broadcasting Center
167m 38階 2003年

Mokdong Hyperion II
140m　40階　2006年

Mok-Dong Chereville Tower I
133.5m　42階　2003年

Mulle-dong Megatrium
118.8m 30階 2004年

Yeongdeungpo SK Leaders View Officetel
157.9m 41階 2007年

Shindorim Techno Mart
182m 40階 2008年

Daeseong D-Cube City Headquarters
189.7m 42階 2011年

Daeseong D3-City Residential
185.6m 51階 2011年

Boramae Chereville
174m　49階　2002年

Samsung Boramae Omni Tower
110m　29階　1998年

Korea Computer Building
102.9m　26階　1996年

Lotte Gwanak Tower
118.3m 32階 1996年

Boramae Nasan Suite
141m 37階 1993年

Korea Special Construction Center
125.9m 30階 1991年

Boramae Fantasia Tower
140m 42階 1999年

Tanhyun Doosan We've the Zenith
230m 59 階 2013 年

Ilsan Yojin Y-City
230m 59 階 2016 年

Asan SK Pentaport Residential Tower 3
215m 66階 2011年

Asan SK Pentaport Residential Tower 1, 2

Asan Tangjeong Hoban Vertium
128m 38階 2018年

Wi-City Apartments

Hwaseong Dongtan Metapolis
메타폴리스
左から順に
248.7m 66階 2010年
223.8m 60階 2010年
203.2m 55階 2010年
247.4m 66階 2010年

東灘新都市のタワーマンション群

東灘新都市の空撮

Northeast Asia Trade Tower

포스코타워 - 송도
305m 68階 2014年
Northeast Asia Trade Tower（北東アジア貿易タワー）は完成当時は韓国で最も高い超高層ビルであった。中層階までが主にオフィス、高層階がオークウッドプレミア仁川となっている。また65階に展望台が設置されていたが現在はバー＆ダイニングになっている。

Songdo Central Park Prugio Tower
175m 46階 2015年

The Sharp Central Park II
175m 52階 2011年

The Sharp Central Park Ⅰ
163m　50階　2010年

仁川松島セントラルパーク

Songdo Prugio Harbour View Apartments
150.5m　40階　2011年

Songdo Deosyap Green Walk 3
127.9m　34階　2015年

Songdo The Sharp Green Walk
124.2m 33階 2014年

The Sharp Harbour View Tower II
150.5m 40階 2012年

Songdo The Sharp Green Walk 3
109.1m 29階 2015年

The Central Park Hotel Songdo

Songdo Posco E&C Center
185m 39階 2011年

Songdo The Sharp First Park
169.3m 45階 2017年

Songdo Central Park Prugio City
101.6m 27階 2015年

Songdo Artwin Prugio
210m 60階 2015年

G Tower
150.6m 33階 2013年
33階には無料の展望台がある。
平日は20時まで、週末は18時までの営業となっている。

Songdo IBS Tower
127.9m 34階 2012年

Songdo Posco Centroad Tower 1　190m　45階　2011年
Songdo Posco Centroad Tower 2　145m　33階　2011年
Songdo Posco Centroad Tower 3　145m　33階　2011年

Songdo Campus Town
207m 55階 2016年

Songdo Haemoro World View

Songdo International City Hoban Vertium
124.2m 33階 2017年

Songdo Green Square
158.1m 42階 2014年

Songdo Global Campus Daewoo Prugio
169.3m 45階 2013年

Get Pearl Tower
79m 21階

Songdo Meet-You-All Tower
79m 21階 2009年

松島新都市の空撮

ゴルフ場越しに見る青羅国際都市のタワーマンション群

青羅中央湖公園周辺のタワーマンション群

Cheongna Daewoo Prugio
189.1m · 58階 · 2013年

Cheongna Posco The Lake Park
190m 58階 2013年

Cheongna Lotte Castle
158.1m 42階 2013年

Cheongna Lotte Castle 201
170m 50階 2013年

Cheongna Exllu Tower
189.5m 55階 2011年

Doosan Haeundae
We've the Zenith

해운대 두산위브더제니스
左から順に
300m　80階　2011年
281.5m　75階　2011年
265m　70階　2011年

Doosan Haeundae We've the Zenith（斗山ウィーブ・ザ・ゼニス）は韓国で最も高いタワーマンションである。Northeast Asia Trade Tower に抜かれるまでは韓国で最も高い超高層ビルでもあった。将来的には同じ釜山のHaeundae LCT The Sharp にタワーマンションとしての高さ韓国1位の座を明け渡すことになる。

Haeundae I Park

해운대 I'PARK
Haeundae I Park は3棟合計1631戸のタワーマンション、ホテル「パークハイアット釜山」、そして低層の商業施設2棟で構成される複合施設である。

Haeundae I Park Marina Tower 1
272.9m 66階 2011年

Haeundae I Park Marina Tower 2
292.1m　72階　2011年

Park Hyatt Busan
133.1m　37階　2011年

Haeundae I Park Marina Tower 3
205.5m　46階　2011年

Kyungdong Jade
175.1m 47階 2012年

Haeundae Grand Hotel
22階 1996年

Hyundai Benecity
129.5m 36階 2005年

Han-ill Ordu Tower
122.3m　34階　2005年

Daewoo Worldmark Marine Residence
143.9m　40階　2009年

Daewoo Haeundae Aratrium
151.1m　42階　2013年

The Sharp Adeles
143m　47階　2003年

広安大橋

Haeundae Iaan Exordium
170m 45階 2009年

Haeundae LCT The Sharp（海雲台エル・シティ）は101階建てのLCT Landmark Tower、85階建てのResidential Tower A、Bの3棟で構成される超高層ビルで、完成すると釜山最高層となる。LCT Landmark Towerは低層部がホテル、中高層部が住宅、そして98～100階に展望台が設置される予定となっている。

Haeundae LCT The Sharp
左から順に
339.1m　85階　2020年
333.1m　85階　2020年
411.6m　101階　2020年

現地看板の完成予想図

Haeundae Hillside We've
左から順に
153m 45階 2014年
165m 49階 2014年
153m 44階 2014年
177m 53階 2014年
135m 39階 2014年

左から順に
138m 40階 2014年
177m 52階 2014年
159m 47階 2014年

Raemian Haeundae

Iaan Haeundae

WBC The Palace Tower
186m 51階 2011年

Centum Leaders Mark
154.7m 44階 2008年

Centum View Raum Haeundae
125.9m 35階 2015年

Daewoo Trump World Centum 2
126m 40階 2007年

Centum Square
136.7m 38階 2012年

Lotte Gallerium Centum Tower
125.9m 35階 2009年

The-W
246.4m · 69階 · 2017年

Namcheon Poonglim Exllu Tower
43階 154.7m 2011年

広安里海水浴場

Ssangyong Yaega the Ocean Tower
43階　154.7m　2014年

Busan International Finance Center

부산국제금융센터
289m　63階　2014年
BIFCとも略される釜山国際金融センターは超高層オフィスビルである。最上階の63階は展望台として開放されていた時期もあるが現在は展望台営業は終了している。

Busan Bank Tower
79.2m 22 階 2014 年

Halla Vivaldi Apartments
125.9m 35 階 2005 年

eomyeon Central Star
206m 58階 2011年

Yulim Norwegian Woods
133.1m 37階 2014年

Lotte Hotel Busan
173m 41階 1997年

門ヒョン駅前

Sejong Grancia

We`ve the Zenith Poseidon 2
158.3m 44階 2006年

釜山タワーは龍頭山公園にある展望台である。5階建てという扱いで4階と5階が展望台となっている。2017年7月1日にリニューアルオープンしている。

釜山タワー 부산타워
20m 1973年

釜山駅方面

釜山港

まえがき

　韓国と言われて最初に何を思い浮かべますか？　キムチやプルコギなど韓国料理、TWICE や防弾少年団などの K-POP、ペ・ヨンジュンなど韓流スターあたりが一般的でしょうか。本書のパブリブから出版されている『ヒップホップコリア』（鳥居咲子著）、『韓国アニメ大全』（かに三匹著）、『デスメタルコリア』（水科哲哉著）を思い浮かべる人がいるかもしれません。ただ超高層ビルを真っ先に思い浮かべる人はほとんどいないかと思います。それでは韓国には超高層ビルはないのかと言うとそんなことはなく、ソウルには地上 123 階、高さ 555m で世界第 5 位の高さの超高層ビル「ロッテワールドタワー」が 2017 年春にオープンしています。また、ほとんどがタワーマンションですが高さ 200m を超える超高層ビルも多数あります。ただ、タワーマンションと言っても表紙の「Haeundae I Park」や裏表紙の「Doosan Haeundae We've the Zenith」のように見た目はオフィスビルのようなタワーマンションもあります。本書ではそんな韓国の超高層ビルをソウル、仁川（インチョン）、釜山（プサン）を中心に載せています。

　ところでソウルに行ったことがある人はそれほど超高層ビルは印象に残っていないかもしれません。実際、観光地である明洞にはそれほど高い超高層ビルはありません。ロッテワールドタワーは 2017 年 4 月 3 日のグランドオープンのためソウルに行ったことはあるけどまだ出来ていなかったという人もいるでしょう。もちろんロッテワールドタワーは韓国に行ったら行っておいた方がいい超高層ビルの一つですが、韓国のお薦め超高層ビルスポットはソウルではありません。仁川と釜山です。仁川広域市は仁川国際空港ができたことで一気に知名度が上がった都市ですが、ソウルのベッドタウンでもあり韓国で 3 番目となる人口の都市となっています。その中でも経済自由区域である松島国際都市には巨大な仁川松島セントラルパークがあり、その周りには近代的なデザインのタワーマンションや超高層ビルが配置されています。新しい都市だけあってまだ空き地も多いですがそれがまたギャップがあって面白かったです。

　次にお薦めの場所は釜山の海雲台です。表紙にロッテワールドタワーを選ばず海雲台のタワーマンションを選んだことからもその格好良さがわかるかと思います。釜山の超高層ビル群は対馬からも見えるという知識はありましたが、実際行くまではここまで凄い場所だとは思ってもいませんでした。現在、釜山では高さ 411.6m となる Haeundae LCT The Sharp が建設中で、完成後には現地からはもちろん対馬からも見てみたいと思わせる場所でした。

　韓国には団地のように同じデザインのタワーマンションが大量に並んでいるところもあれば、近代的で面白いデザインの超高層ビルが並んでいる場所もあります。本書で韓国の色々な超高層ビルを楽しんでもらえれば幸いです。韓国は気軽に行ける海外なので実際に足を運んで見に行ってもらえれば非常に嬉しく思います。

　今回のビルデータは主に The Skyscraper Center と Emporis を参照していますが、サイトによっては階数や高さの情報が異なっていたり明らかに誤データの場合もありました。そういった場合は不動産屋のサイト等も参考に調べてはいますが、限界がありますので正確性は保証できません。また、ハングルは日本人のほとんどが読めないためビル名は英語あるいはアルファベットで表記しています。

※ 参考サイト

The Skyscraper Center

http://www.skyscrapercenter.com/

Emporis

https://www.emporis.com/

Lotte World Tower

롯데월드타워
555m　123 階　2017 年

ロッテワールドタワーは韓国で最も高く世界でも 5 番目に高い超高層ビルある。フロア構成は 117 階～ 123 階が展望台「SEOUL SKY」、105 階～ 114 階がオフィスフロア、76 階～ 101 階がホテル「SIGNIEL SEOUL」、42 階～ 71 階がマンション「SIGNIEL RESIDENCES」、14 階～ 38 階がオフィスフロア、1 階～ 12 階がショップとなっている。

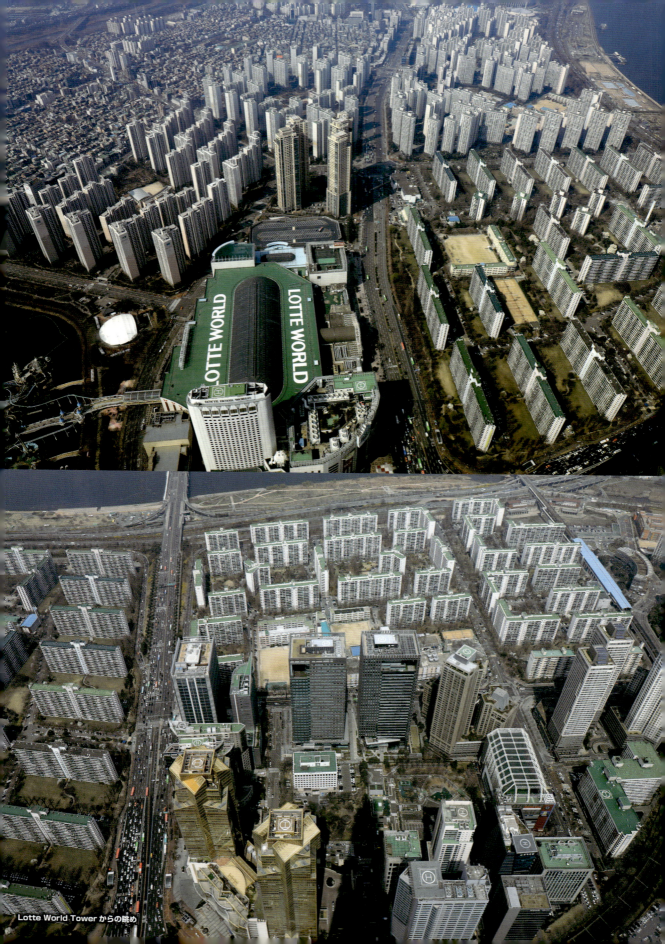
Lotte World Tower からの眺め

真下が見える透明な床

今回の韓国はソウル2回、釜山1回に分けて渡韓し撮影を行いました。韓国に行くのは今回が初めてだったのですが、近いのはもちろんLCC利用で安く行くこともできて良かったです。海外でバス移動は敷居が高いと思いますが仁川国際空港も金海国際空港も駅直結の電車があり、そして日本語併記も数多く移動に困ることはほとんどありませんでした。街角で眺めの良さそうな公園を見つけて中に入るとそこにも日本語の案内があったのには驚きました。このように日本語をあちこちで見るような状況でしたが、それがハングル表記だけになると記号にしか見えず何が書いてあるのか全くわからない状態になりました。低予算のため朝晩の食事は安宿近くのコンビニがメインだったのですが、ハングル表記しかないおにぎりを食べるときは口に運ぶまで具が何かわからないロシアンルーレット状態になっていました。今まで行ったことのある海外の国では英語か中国語の表記が必ずあり、会話ができなくても文字を見れば何とかなっていましたが、ハングルは文字を見ても全く意味がわからないため不安はありました。ただ実際行ってみるとおにぎりの例のようなこともありましたが、他は何とかなるもので無事に予定していた箇所を全部撮影し、そして食事もしっかりと取ることができました。

　初めて行った海外は2007年の上海で、そのときはガイドブックの地図に行きたいビルがある場所に印を付け、現地で地図とにらめっこしながら撮り歩いていました。それが今は事前にネット上の地図に印を付け、そして現地でその地図を開いてGPSをオンにすれば自分の位置を確認しながら撮り歩くことができるようになりました。ビルを撮り始めた頃は事前調査も大変でしたが今は超高層ビルを扱うサイトが増え、そしてグーグルアースやグーグル ストリートビューで現地の様子を確認できるためビル巡りが格段にやりやすくなっています。10年前に今の状況は想像していませんでしたが、逆に今から10年後の世界もどうなっているのか想像が付きません。もし技術の進歩があまりなかったとしても、超高層ビルは間違いなく増えており超高層ビルランキングは色々と変動しています。10年後も超高層ビビルシリーズを続けられていれば幸いです。

　今回もいつものように超高層ビルのみ調べて韓国に行きました。雨が降ったときに初めて観光できる場所を探します。今回は宿近くにあった朝鮮王朝の歴代王を祀る「宗廟（そうびょう）」に行ってみると、土曜以外はガイド付き観覧のみで日本語ガイドの時間まで待って観覧してきました。このとき自分と2人の日本人が参加したのですが、その2人はホテルの傘を使っていたのですが「grand intercontinental」の文字が入っていました。そのときにこちらが宿泊していた宿は9泊10日で約3万8千円。差を感じた一時でしたが、改めてそのときの旅費を見ると飛行機代を入れても合計で約6万6千円で安かったです。Wi-Fiが繋がりにくかったことを除けば安宿でも日本語が通じて困ることはありませんでした。国内旅行のように気軽に行ける場所なので初海外には良い場所かもしれません。ネットを見ていると反日情報が溢れていますが実際の韓国はそんなことは一切ないので、まだ海外に行ったことがない人は本書を持って行ってみてはどうでしょうか？

　そう言えば今回の韓国で一つ忘れられない出来事があったので書き記しておきます。上記のようにビル撮影にはスマホが必需品となっており、モバイルバッテリーも持参して行きました。ある日、宿で寝る前に充電しようとモバイルバッテリーを取り出すと一部が焦げて凹んで物凄い高温になっていました。秋葉原で買った格安バッテリーでしたか爆発寸前だったのかもしれません。危うく韓国で火事を起こすところでした。あのとき充電をしないて寝ていたらどうなっていたのかわかりません。その翌日にインチョンで見つけた電気屋さんでモバイルバッテリーを買ったのですが、容量も大きく充電速度も早く、気に入っています。このモバイルバッテリーを見るたびに思い出す出来事でした。

　最後に社会評論社からパブリブに独立しても超高層ビビルをシリーズを続けられるよう手配し、引き続き編集を担当して頂いた濱崎誉史朗氏、いつも応援して下さっている皆様に心より感謝の意を表します。そして超高層ビビルの撮影でドバイや香港などに一緒に行くこともあった、海外旅行好きの亡き父にこの『超高層ビビル5 韓国編』を捧げます。

Skyscrappers 5
超高層ビビル 5
韓国編

2018 年 11 月 1 日初版第 1 刷発行

中谷幸司（なかや・こうじ）
Koji Nakaya

Mail：nakayak@blue-style.com
HP：http://www.blue-style.com/
Twitter：@bluestylecom

1977 年北海道札幌市生まれ
室蘭工業大学大学院電気電子工学専攻修了。プログラマ。
2003 年から超高層ビル撮影を始めて気が付けば海外に
もビル撮影に行くようになる。
現在は東京のタワーマンションに住み毎日超高層ビルを
眺めている。
ツイッターでは超高層ビル情報を中心に発信している。
著書に『超高層ビビル 1 〜 4』(社会評論社)、『東京ス
カイツリー定点観測』(飛鳥新社) がある。

著者　　　中谷幸司
デザイン　合同会社パブリブ
発行人　　濱崎誉史朗
発行所　　合同会社パブリブ
　　　　　東京都品川区北品川 1-9-7　トップルーム品川 1015
　　　　　Tel 03-6383-1810
　　　　　http://publibjp.com
印刷 & 製本　シナノ印刷株式会社